UNE ÉTUDE DE DROIT INTERNATIONAL PRIVÉ

DE LA NATURALISATION

A L'ÉTRANGER

D'UNE FEMME SÉPARÉE DE CORPS EN FRANCE

ET

DES EFFETS DE SON SECOND MARIAGE DANS UN PAYS QUI ADMET LE DIVORCE.

PAR M***

Étude publiée dans la «Revue du Notariat», numéro d'avril 1876 pages 299 et suivantes.

PARIS
MARCHAL, BILLARD et Cie
LIBRAIRES DE LA COUR DE CASSATION,
27, place Dauphine.

1877

UNE ÉTUDE DE DROIT INTERNATIONAL PRIVÉ

DE LA NATURALISATION

A L'ÉTRANGER

D'UNE FEMME SÉPARÉE DE CORPS EN FRANCE

ET

DES EFFETS DE SON SECOND MARIAGE DANS UN PAYS QUI ADMET LE DIVORCE.

PAR M***

Étude publiée dans la «Revue du Notariat», numéro d'avril 1876 pages 299 et suivantes.

PARIS
MARCHAL, BILLARD et Cie
LIBRAIRES DE LA COUR DE CASSATION,
27, place Dauphine.

1877

UNE FEMME FRANÇAISE, SÉPARÉE DE CORPS,

PEUT-ELLE SE FAIRE NATURALISER

EN PAYS ÉTRANGER

SANS L'AUTORISATION DE SON MARI.

Mme la princesse de Bauffremont, séparée de corps par arrêt de la Cour de Paris, en date du 1er août 1874, a obtenu, le 3 mai 1875, un acte de naturalisation dans le duché de Saxe-Altenbourg, puis s'est mariée, le 25 octobre 1875, à Berlin, avec M. le prince Bibesco.

Or, la loi française n'admet pas qu'un époux, simple-

---

(1) Cette question a été soumise récemment au Tribunal de première instance de la Seine. Elle sera bientôt jugée en appel. D'éminents jurisconsultes ont donné des solutions opposées. M. Labbé, le savant professeur de la Faculté de droit de Paris, a soutenu la négative (V. *Journal du droit international privé*, novembre-décembre 1875).

M. de Holtzendorff, professeur de droit international et de droit criminel à l'Université de Munich, a adopté l'affirmative (V. aussi *Journal du droit international privé*, janvier-février 1876).

M. Daniel de Folleville, professeur à la Faculté de droit de Douai, a soutenu l'opinion de M. Holtzendorff dans une récente brochure (Paris, Marescq, 1875).

Nous signalons à nos lecteurs cette affaire, qui est nouvelle en doctrine et en jurisprudence. Mais, en présence de la vive controverse qu'elle a soulevée parmi les jurisconsultes, nous croyons qu'il serait téméraire de prendre parti, dès à présent, pour l'une ou l'autre des deux opinions émises sur cette matière. Nous attendons l'arrêt de la Cour de Paris, saisie de l'appel. Tout en réservant d'ici là notre appréciation, nous soumettons cependant à nos lecteurs l'avis *purement personnel*, formulé par notre collaborateur. (*Note de la rédaction.*)

ment séparé de corps, se remarie; et sans aucun doute, si Mme la princesse de Bauffremont eût voulu, n'ayant pas encore cessé d'être Française, contracter un second mariage, du vivant du prince de Bauffremont, elle ne l'aurait pas pu.

De là, la question soulevée devant le Tribunal de la Seine.

« *Le mariage contracté à Berlin par Mme la prin-* « *cesse de Bauffremont doit-il être tenu pour valable en* « *France?* »

Cette question implique solution affirmative d'une autre question qui est celle-ci :

« La naturalisation conférée à Mme la princesse de Bauf- « fremont, dans le duché de Saxe-Altenbourg, est-elle « valable aux yeux de la loi française? »

Le lien de ces deux questions est facile à dégager.

En effet, si la naturalisation est nulle selon notre loi, Mme la princesse de Bauffremont sera demeurée Française, donc simplement séparée de corps, et par conséquent sa capacité ayant continué d'être régie par la loi française, nos tribunaux devront considérer comme nul le mariage qu'elle a contracté à Berlin.

Examinons donc avant tout ce que vaut l'acte de naturalisation du 3 mai 1875.

Notre conviction personnelle est qu'il est pleinement valable ; toutefois, avant de donner nos motifs, nous devons écarter une objection fort spécieuse peut-être, mais qui n'a rien de juridique.

Cette objection est tirée du but que Mme la princesse de Bauffremont se proposait en échangeant sa nationalité française contre la nationalité allemande.

En fait et incontestablement, elle ne tendait qu'à sortir de la situation que la loi française fait à la femme séparée de corps. Cette loi l'empêchant de divorcer et de se remarier, elle a voulu se placer sous la protection d'une loi étrangère qui lui permît d'arriver régulièrement à ces deux résultats. Bref, pour parler comme ceux qui croient la naturalisation nulle, elle a voulu éluder et frauder la loi française.

Est-ce là un argument sérieux contre la naturalisation? Malgré l'autorité d'un arrêt déjà ancien de la Cour de cassation (16 décembre 1845), nous ne le croyons pas. Car c'est une règle générale que la validité d'un acte s'apprécie, abstraction faite du motif par lequel il a été déterminé. Et, en effet, pour ne point sortir de la matière de la naturalisation, supposons qu'un Français du sexe masculin, majeur et n'ayant pas encore atteint l'âge de 25 ans, veuille se marier et que, ne pouvant obtenir le consentement de son père, il se fasse naturaliser dans un pays où les jeunes gens de 21 ans se marient librement. Dirait-on que la naturalisation est nulle parce que dans l'espèce le jeune homme s'est proposé pour but final d'échapper à l'une des conditions que la loi française lui imposait pour se marier?

Non certainement. Donc, la naturalisation d'une femme française séparée de corps n'est pas plus viciée par ce motif qu'elle tendait seulement à rendre possible un divorce et un second mariage. En conséquence, elle doit s'apprécier en elle-même, comme si elle eût été déterminée par le simple désir de changer de nationalité.

La question, ainsi dégagée des faits, devient une question abstraite et générale. Examinons-la tant au point de vue allemand qu'au point de vue français.

AU POINT DE VUE ALLEMAND.

On tire une objection de la loi du 1er juin 1870, loi faite, pour la Confédération des Etats de l'Allemagne du Nord, mais devenue loi générale de l'empire allemand depuis le 16 avril 1871. L'article 8 de cette loi porte que la naturalisation ne doit être accordée à un étranger que lorsque la loi du pays auquel il appartient actuellement lui reconnaît la capacité de contracter, ou, si cette capacité lui manque, lorsqu'il a le consentement de son père, de son tuteur ou de son curateur. Or, dit-on, la femme française, séparée de corps est, d'après sa loi nationale, incapable de contracter, à moins qu'elle n'ait l'autorisation de son mari, ou à son refus, l'autorisation de justice. Et, dans l'espèce, cette autorisation n'a été ni obtenue ni même demandée.

Voilà l'objection. Voici la réponse :

Si le législateur allemand n'a pas compris le mari parmi les personnes dont le consentement peut être nécessaire, ce n'est certainement pas par ignorance ; il savait bien qu'il y a des pays où la femme mariée a besoin de l'autorisation de son mari, au moins en certains cas. Son silence a donc une signification très-claire. On insiste, il est vrai, on dit que, si l'article 8 mentionne le père, le tuteur, le curateur, c'est à titre purement énonciatif et que cette énonciation ne saurait prévaloir sur la généralité du principe qu'il pose, principe d'après lequel la naturalisation allemande ne peut être conférée qu'à des étrangers capables de contracter selon la loi du pays auquel ils appartiennent au moment de leur demande. Mais, autant qu'il nous est permis d'interpréter une loi étrangère, ne devons-nous pas plutôt conclure de la rédaction de cet article 8, que la loi vise exclusivement les personnes dont l'incapacité présente ce double caractère de s'appliquer à toute espèce d'actes et d'être consacrée par le droit des gens, c'est-à-dire par le droit de toutes les nations civilisées?

Or, telle n'est point l'incapacité de la femme mariée. D'abord elle n'est pas générale : l'art. 1124 du Code civi la restreint *aux cas exprimés par la loi*, et cette restriction est particulièrement vraie à l'égard de la femme séparée soit de biens seulement, soit de corps et de biens. En outre, cette incapacité n'appartient pas au droit des gens, puisque plusieurs peuples ne l'admettent pas. On comprend donc très-bien qu'à raison de son caractère restreint et arbitraire, elle n'ait point été prise en considération par le législateur allemand. Au surplus, il ne paraît pas que d'après la loi allemande l'acte de naturalisation puisse jamais être attaqué devant les tribunaux et déclaré nul. L'article 8 a donc voulu simplement tracer les règles à suivre par le gouvernement auquel la naturalisation est demandée ; mais la violation n'a pas de sanction.

AU POINT DE VUE FRANÇAIS.

L'incapacité de la femme mariée, telle que notre Code l'établit, ne s'applique pas, nous l'avons déjà dit, à toute espèce d'actes (Code civil, art. 1124). Elle s'applique d'abord aux actes judiciaires (art. 215), puis, parmi les actes extra-judiciaires, à ceux qui concernent les biens et à ceux-là seuls (art. 217). Et c'est pourquoi on admet unanimement que la femme mariée n'a pas besoin d'autorisation pour reconnaître un enfant naturel.

Son incapacité étant ainsi limitée, c'est un argument sans force et sans valeur que celui qu'on formule ainsi

« L'article 1449 ne soustrait la femme séparée de corps à « la règle de l'autorisation qu'en ce qui concerne l'admi« nistration de ses biens, et par conséquent cette règle « continue de s'imposer à elle pour tous les actes étran« gers à ladite administration. »

Oui, répondrons-nous, la femme séparée de corps reste soumise à la règle pour tous les cas que l'article 1449 n'excepte pas, mais encore faut-il qu'il s'agisse d'actes compris dans la règle. Or, la naturalisation n'y est pas comprise, car elle a trait à la personne, et non pas aux biens. Voulons-nous dire par là que la femme non séparée de corps puisse se faire naturaliser en pays étranger sans la volonté de son mari? Non, à coup sûr. Mais cela ne tient point du tout à son incapacité ordinaire; cela tient à ce que la loi lui impose le domicile de son mari (art. 108). Or la naturalisation étant partout subordonnée à l'acquisition préalable d'un domicile, il faudrait, pour que la femme se fît naturaliser en pays étranger, que le mari consentît à transférer son propre domicile dans le pays dont elle se propose d'acquérir la nationalité. Ce point de vue nous paraît tellement vrai que, dans notre opinion, la justice ne pourrait pas, sur le refus du mari, autoriser la femme à demander sa naturalisation en pays étranger, car la conséquence d'une telle autorisation serait ou de lui permettre de se faire un domicile distinct de celui du mari, ou d'obliger le mari lui-même à changer de domicile.

Mais, lorsqu'une séparation de corps a été prononcée, tout change : la femme peut se choisir un domicile propre. Ce point ne faisait pas de doute dans notre ancien droit. (Pothier, contrat de mariage, n° 522. — Introduction générale aux coutumes, n° 10.) Et il est également reconnu par les auteurs et par la jurisprudence.

Si donc, lorsque la vie commune est obligatoire, il n'y a que l'unité forcée de domicile qui empêche la femme de changer de nationalité selon sa volonté, cet obstacle disparaît nécessairement de plein droit du jour où une séparation de corps lui a permis de vivre seule et d'avoir un domicile à elle.

Au surplus, pourquoi permettre à la femme séparée de corps de se domicilier en pays étranger, si on lui refuse de s'y faire naturaliser ? Est-ce que le principal avantage d'un tel domicile ne consiste pas précisément à rendre une naturalisation possible ? Et puis, si par hasard, il se trouvait un pays où, — comme autrefois dans nos colonies, — le domicile emportât de plein droit la naturalisation, est-ce que la femme, domiciliée dans un tel pays, n'y serait pas par cela même naturalisée ?

Notre démonstration nous paraît complète. Mais allons plus loin encore.

Si la loi française est muette sur les conditions relatives à la capacité exigée pour se faire naturaliser en pays étranger, cela tient, selon nous, à ce que, d'avance et d'une manière générale, elle accepte à cet égard les règles du p... où la naturalisation s'opère.

En effet, l'article 17 de notre Code civil dispose « que la qualité de Français se perd par la naturalisation « acquise en pays étranger. » Bien visiblement, cette disposition procède de l'idée que nul ne peut être considéré en France comme ayant deux nationalités, et que, par exemple, celui qui est devenu Allemand, d'après la loi allemande, ne sera pas traité comme Français en France.

« Nul ne peut avoir deux patries, » disait Treilhard dans l'*Exposé des motifs du titre de la jouissance et de la privation des droits civils*. Et, sous une autre forme, le tribun Gavy, parlant au nom du Tribunat devant le Corps législatif

latif, disait la même chose, « Celui qui se donne une nouvelle patrie renonce à la première. » (Fenet, VII, p. 655 et 650.)

La conclusion est claire : si notre loi n'admet pas qu'en France on puisse avoir deux nationalités, c'est qu'elle tient pour valable en France toute naturalisation conférée à un Français par un gouvernement étranger, pourvu que cette naturalisation soit valable d'après la loi du pays où elle a été obtenue. Et il est inutile d'insister sur la sagesse profonde de ce principe qui tend à prévenir les conflits internationaux.

Il résulte de là que la naturalisation accordée à Mme la princesse de Bauffremont par le gouvernement de Saxe-Altenbourg vaut en France, par cela seul qu'elle est réputée valable en Allemagne.

Une question reste, mais fort simple :

Mme la princesse de Bauffremont, devenue allemande, a-t-elle pu contracter mariage en Allemagne du vivant de M. le prince de Bauffremont?

Il est certain, qu'aux termes de l'article 734, du Code civil prussien, la séparation de corps prononcée entre M. le prince et Mme la princesse de Bauffremont, par arrêt de la Cour de Paris, du 1er août 1864, doit être assimilée purement et simplement au divorce.

Il est vrai que, d'après l'art. 77 de la loi du 6 février 1875, qui régit aujourd'hui l'Allemagne, l'époux séparé de corps qui veut se remarier doit, préalablement au second mariage, faire convertir en divorce la séparation de corps; mais cette loi du 6 février 1875 n'est entrée en vigueur dans le duché de Saxe-Altenbourg, qu'à partir du 1er janvier 1876. Or le prince et la princesse Bibesco se sont mariés le 24 octobre, 1875 c'est-à-dire à une époque où l'article 734 du Code civil prussien était seul applicable, leur mariage est donc inattaquable à ce dernier point de vue, et a été régulièrement contracté devant les autorités prussiennes.

Des considérations qui précèdent, résultent notamment les conséquences suivantes :

1° La naturalisation de Mme la princesse de Bauffremont vaut selon la loi allemande, puisque cette loi ne tient aucun compte de l'incapacité qui frappe, en certains pays, la femme mariée, que d'ailleurs elle n'admet en aucun cas la nullité d'un acte de naturalisation.

2° Cette naturalisation vaut aussi d'après la loi française, et cela d'abord parce que le seul motif qui empêche une femme française de se faire naturaliser étrangère, c'est qu'elle n'a pas de domicile propre et que ce motif disparaît après la séparation de corps ; et en outre parce que la loi française tient pour valable toute naturalisation valable d'après les lois du pays où elle est accordée.

3° Le mariage de Mme la princesse de Bauffremont avec M. le prince Bibesco vaut également, parce que la séparation de corps s'est trouvée assimilée au divorce, aux termes de la loi allemande qui était en vigueur au moment de la célébration du mariage.

APPENDICE

Par son arrêt du 17 juillet 1876, la cour de Paris a jugé que la naturalisation n'était pas nulle, mais qu'elle ne pouvait être opposable au mari.

Voici d'ailleurs les termes de l'arrêt :

LA COUR ; Sur la double exception d'incompétence *ratione materiæ et ratione personæ et loci :*

« Adoptant les motifs des premiers juges :

« Et considérant que la défenderesse ne saurait être admise, pour décliner la compétence du Tribunal civil de la Seine, qui est celui de son dernier domicile en France, à invoquer les actes émanés de sa volonté seule, d'où elle fait résulter pour elle un changement de domicile et d'état, dont les effets légaux, au regard de la loi française, forment précisément le sujet de la contestation actuelle ;

« Que le prince de Bauffremont, se fondant sur l'existence du mariage antérieur, est recevable à poursuivre, sous la forme d'une question pure et simple d'état civil, devant les tribunaux de sa nationalité, la reconnaissance du lien qui unirait encore les deux époux, et l'exécution des obligations réciproques qu'il continuerait de produire ;

« Qu'en admettant même que la défenderesse pût être dès à présent et provisoirement considérée comme étrangère, la compétence des Tribunaux français serait, en tous cas, établie par les dispositions de l'article 14 du Code civil, qui, par la généralité des termes où elles sont conçues, comprennent les obligations contractées entre époux par le fait même du mariage ;

« Au fond :

« Adoptant les motifs des premiers juges ;

« Et considérant que Henriette-Valentine de Riquet, comtesse de Caraman-Chimay, Belge d'origine, est devenue Française, conformément à l'article 12 du Code civil, par son mariage avec le prince de Bauffremont sujet de l'État français ;

« Que la séparation de corps relâchant seulement le lien du mariage sans le dissoudre, le jugement de séparation prononcé en France, sur sa demande, ne lui a pas fait perdre la nationalité qu'elle avait acquise ; qu'elle est restée Française, comme elle est restée la femme du prince de Bauffremont ;

« Considérant que, si elle est affranchie des devoirs de cohabitation, et si, de cette liberté relative on est autorisé à conclure, réserves faite du droit de la justice d'apprécier les motifs et les circonstances, qu'elle a la faculté de choisir un domicile là où il lui plait, même en pays étranger, il n'en résulte pas qu'elle puisse de même à son gré, sans l'autorisation de son mari, changer de nationalité ;

« Que la loi française, qui est devenue son statut personnel, s'attache toujours à sa personne, et la suit partout où elle a fixé sa résidence ou son domicile ;

« Que, hors les cas où il s'agit de simples actes d'administration concernant les biens, la nécessité de l'autorisation maritale est de droit, comme conséquence du pouvoir dont le mari demeure investi après la séparation de corps ;

« Que le changement de nationalité ne rentre dans aucune des exceptions prévues; qu'il doit d'autant moins y rentrer dans la cause actuelle, que la femme prétend s'en faire, à la faveur d'une loi étrangère qui n'est pas la sienne, un moyen juridique de transformer, contre la volonté de son mari et les dispositions de la loi française, sa séparation de corps en divorce;

« Considérant qu'en supposant possible cette naturalisation à l'étranger, les effets mêmes qu'elle veut en tirer seraient immédiatement annulés par ceux du mariage qui, toujours subsistant, lui impose la nationalité du mari; qu'elle n'aurait ainsi changé de nationalité que pour reprendre à l'instant même, du moins au regard de la loi française qui domine tout le débat, celle dont elle aurait vainement tenté de se dépouiller;

« Considérant que si l'acte de naturalisation dont il s'agit doit être envisagé comme un acte de droit public; que l'État étranger, usant de son droit souverain, est libre d'accomplir indépendamment de toute autorisation maritale, il faut en même temps reconnaître que la question relative à la capacité personnelle de la femme comme femme mariée, de contracter un second mariage avant la dissolution du premier, se place en dehors de la question de son domicile, et qu'aucune atteinte ne peut être portée aux droits antérieurs du mari, qui est un tiers, par cet acte de naturalisation, qui, en conséquence, ne lui est pas opposable, quelles qu'en soient, d'ailleurs, d'après la loi de l'État étranger, la régularité et la valeur, toutes questions, qu'à raison même du mutuel respect que se doivent entre elles les souverainetés, les tribunaux français n'ont point à examiner, soit pour déclarer l'acte valable, soit pour le déclarer nul;

« Considérant qu'il importe peu, en effet, que cette naturalisation ait pu régulièrement s'opérer avec ou sans le consentement du mari; que, dans le cas même où il aurait expressément autorisé sa femme, celle-ci ne serait pas admise à invoquer la loi de l'État où elle aurait obtenu sa nouvelle nationalité, pour se soustraire à l'application de la loi française, qui, seule, règle les effets du mariage de ses nationaux et en déclare le lien indissoluble; qu'il s'agit du plus solennel et du plus important des contrats, qui non-seulement ne peut être rompu contre la volonté de l'un des contractants, mais encore ne peut l'être jamais du mutuel consentement des deux époux;

« Que vainement la princesse de Bauffremont aurait acquis par sa seule volonté une nationalité étrangère, vainement même son mari, resté Français, lui aurait donné une autorisation expresse, le caractère synallagmatique et le lien indissoluble du mariage s'opposent, dans l'un comme dans l'autre cas, à ce que, soit la femme seule, soit même les deux époux d'accord (ce qui n'est pas dans l'espèce), éludent les dispositions d'ordre public de la loi française qui les régit;

« Par ces motifs,

« Sans s'arrêter à la double exception d'incompétence, qui est rejetée.

« Statuant au fond;

« Émendant le jugement dont est appel, en ce qu'il a déclaré nul l'acte de naturalisation, du 3 mai 1875, lequel doit être seulement déclaré inopposable au mari;

« Confirme, pour le surplus, ledit jugement;

« Et condamne la partie appelante à l'amende et aux dépens. »

La revue du Notariat, dans son numéro d'août 1876, a fait suivre la reproduction de cet arrêt des réflexions suivantes.

La question précise qu'avait à résoudre la Cour d'appel de Paris était celle-ci :

Une femme française séparée de corps peut-elle, sans l'autorisation de son mari, se faire naturaliser en pays étranger?

Cette question a donné lieu à de vives controverses parmi les jurisconsultes, mais elle n'a pas encore été résolue par la jurisprudence. — Jamais la Cour de cassation n'a eu à se prononcer dans une espèce semblable à celle qui fait l'objet du procès entre le prince de Bauffremont et la princesse de Bauffremont, aujourd'hui princesse Bibesco. L'arrêt de la Chambre des requêtes du 16 décembre 1845 (D. P. 1846-1-7), qui a été souvent cité au cour des débats, n'est nullement applicable au procès actuel. Il suffit, pour s'en convaincre, de lire attentivement cet arrêt de la Cour suprême, et l'arrêt de la Cour de Poitiers, qui avait donné lieu au pourvoi en cassation. — Il n'y a donc pas dans cette affaire des précédents de jurisprudence, et la Cour de Paris avait à statuer sur une question tout à fait nouvelle.

Le Tribunal de 1re instance de la Seine, par jugement du 10 mars 1876 (V. *Gazette des tribunaux* du 11 mars 1876), a décidé que la femme française, bien que séparée de corps, ne pouvait, sans l'autorisation de son mari, changer sa nationalité ; que spécialement elle ne pouvait faire un établissement en pays étranger sans esprit de retour, en dehors de l'autorisation maritale, et répudier ainsi la qualité de Française, suivant l'art. 17 du Code civil.

De plus, le Tribunal a déclaré que Mme de Bauffremont

avait sollicité et obtenu la nationalité allemande, non pas pour exercer les droits et accomplir les devoirs qui en découlaient, en établissant son domicile dans l'Etat de Saxe-Altenbourg, mais dans le seul but d'échapper aux prohibitions de la loi française, en contractant un second mariage. — En conséquence, il a déclaré nuls le mariage contracté par le prince et la princesse Bibesco devant l'officier de l'état civil de Berlin, le 24 octobre 1875, et l'acte de naturalisation du 3 mai précédent, qui conférait à Mme de Bauffremont la nationalité de l'Etat de Saxe-Altenbourg.

Tout autre est la décision de la Cour de Paris ; bien différente aussi la théorie juridique sur laquelle repose cette décision.

Le système adopté par la Cour d'appel peut être résumé comme suit :

Il faut appliquer au mariage les règles ordinaires admises en matière d'obligations. — Le mariage est un contrat, et le plus solennel des contrats. La disposition principale de ce contrat est l'indissolubilité, que la mort seule de l'un des époux peut anéantir. — Il n'y a donc pas à se préoccuper, à tenir compte, dans le procès Bauffremont-Bibesco, des lois étrangères, et comme le disait M. l'avocat général Ducreux : « *la force des actes, leur existence même s'arrêtent à la frontière des États qui leur ont donné naissance.* » (V. *Gazette des tribunaux des* 17 *et* 18 juillet 1876).

Telle est l'argumentation rigoureuse qui se trouve développée dans l'arrêt. — Nous ferons remarquer que la Cour de Paris a pris soin de s'éloigner des formules générales et vagues, et de se placer nettement sur le terrain juridique. — Ne pouvant contester à l'Etat étranger le droit de conférer la naturalisation, ne pouvant pas davantage se déclarer compétente pour apprécier un acte de la souveraineté étrangère, elle a été obligée de déclarer qu'elle n'avait point à se préoccuper de l'acte de naturalisation (*pivot de toute la discussion*, suivant l'observation judicieuse de M. l'avocat général), et que la princesse Bibesco se trouvant liée d'une manière irrévocable par son premier mariage avec le prince de Bauffremont, ne pouvait se dégager par l'obtention d'une nationalité étrangère.

Cette théorie, d'après laquelle le mariage doit faire obstacle à l'acquisition d'une nationalité étrangère, et à l'application en France des droits qu'elle confère, nous paraît très-critiquable. — Quelle valeur pourrait avoir la clause d'un contrat de mariage, portant que l'un des époux, le mari, par exemple, s'engage à ne pas se faire naturaliser à l'étranger? — Une telle stipulation serait évidemment considérée comme nulle et sans effet, comme contraire à l'ordre public, parce qu'elle serait la négation de la liberté individuelle. Comment donc admettre qu'une pareille prohibition puisse résulter tacitement du mariage ?

L'arrêt dit : Les tribunaux français sont compétents pour apprécier la demande du prince de Bauffremont. Ce dernier est recevable à poursuivre, devant la juridiction française, la reconnaissance du lien matrimonial, qui n'a pas été détruit. Il s'agit d'une question pure et simple d'état civil.

Mais c'est là justement la question à résoudre ! Il s'agit de savoir si la naturalisation conférée par l'état de Saxe-Altenbourg est valable, et si, par suite, il y a eu changement d'état et de capacité pour la princesse de Bauffremont. Il s'agit de savoir, enfin, si la princesse est devenue Allemande par la naturalisation. — D'où nous concluons qu'il y avait à tenir compte, ce qui n'a pas été fait, de l'acte de naturalisation qui est le point capital dans cette affaire.

L'arrêt dit encore :

« La nécessité de l'autorisation maritale est de droit, hors les cas où il s'agit de simples actes d'administration concernant les biens. — Nous croyons que cette formule est inexacte, L'incapacité de la femme mariée, telle que notre Code l'établit, ne s'applique pas à toute espèce d'actes. L'art. 1124 dit formellement : « Les incapables de contracter sont, — les mineurs, — les interdits, — les femmes mariées, dans les cas exprimés par la loi.. De ces mots : *dans les cas exprimés par la loi*, nous tirerons cette conséquence que, pour la femme mariée, la capacité est la règle et l'incapacité l'exception.

La compétence des Tribunaux français se trouve-t-elle établie par les dispositions de l'art. 14 du Code civil? — Nous ne le pensons pas. Cet article ne nous paraît pas applicable pour juger la question de validité de la naturalisation et du mariage. — Nous l'avons déjà dit, on ne peut renoncer au droit d'acquérir la naturalisation en pays étranger, et une telle renonciation ne peut résulter tacitement du mariage contracté dans un pays où le principe de l'indissolubilité est admis. — S'il en est ainsi, le prince de Bauffremont ne pouvait prétendre qu'une obligation relative à l'indissolubilité du lien conjugal résultait en sa faveur de son contrat de mariage, et qu'il était recevable de ce chef à poursuivre Mme de Bauffremont devant la juridiction française. Il ne pouvait donc pas invoquer l'art. 14 du Code civil.

L'arrêt de la Cour de Paris diffère du jugement rendu par le Tribunal de 1re instance sur deux points très-importants :

1° L'arrêt ne dit pas que la naturalisation en pays étranger de Mme de Bauffremont, aujourd'hui princesse Bibesco, n'ait été obtenue que pour frauder la loi française ;

2° Le jugement du Tribunal a été infirmé, en ce qu'il avait déclaré nul l'acte de naturalisation.

Sur ces deux points particuliers, la solution donnée dans cette affaire, par la Cour de Paris, se rapproche beaucoup de l'opinion émise par l'un de nos collaborateurs dans un article publié sous le n° 5116 de la *Revue*.

Le système de la Cour de Paris ne nous paraît pas destiné à être suivi par la jurisprudence, car, il nous semble peu pratique, et son application ferait naître d'interminables conflits dans les questions de droit international.

Paris. — Typ. A. PARENT, rue Monsieur-le-Prince, 29-31.

Documents manquants (pages, cahiers...)

NF Z 43-120-13

www.ingramcontent.com/pod-product-compliance
Ingram Content Group UK Ltd.
Pitfield, Milton Keynes, MK11 3LW, UK
UKHW032039260826
14628UKWH00007B/3057

9 782016 124673